CONCÍLIO ECUMÊNICO VATICANO II

Constituição
SACROSANCTUM CONCILIUM
sobre a sagrada liturgia

PAULO BISPO
SERVO DOS SERVOS DE DEUS
JUNTAMENTE COM OS PADRES DO CONCÍLIO
PARA PERPÉTUA MEMÓRIA

Constituição

SACROSANCTUM CONCILIUM

sobre a sagrada liturgia

Publicação autorizada por ©Conferência Nacional dos Bispos do Brasil
Tradução: texto de *Vaticano II: mensagens, discursos, documentos*, traduzido por Francisco Catão (São Paulo, Paulinas, 1998)

11ª edição – 2011
12ª reimpressão – 2024

Cadastre-se e receba nossas informações
paulinas.com.br
Telemarketing e SAC: 0800-7010081

Paulinas
Rua Dona Inácia Uchoa, 62
04110-020 – São Paulo – SP (Brasil)
(11) 2125-3500
editora@paulinas.com.br

PROÊMIO

1. O objetivo do Concílio é intensificar a vida cristã, atualizando as instituições que podem ser mudadas, favorecendo o que contribui para a união dos fiéis em Cristo e incentivando tudo que os leva a viver na Igreja. Em vista disso, julga dever se ocupar especialmente da liturgia, que precisa ser restaurada e estimulada.

A liturgia no mistério da Igreja

2. A liturgia, em que "a obra de nossa redenção se realiza",[1] especialmente pelo divino sacrifício da eucaristia, contribui decisivamente para que os fiéis expressem em sua vida e manifestem aos outros o mistério de Cristo e a natureza genuína da verdadeira Igreja. Ela é, ao mesmo tempo, humana e divina, visível, mas dotada de bens invisíveis, presente ao mundo, mas peregrina, de tal forma que o que nela é humano está subordinado ao que é divino, o visível ao invisível,

---

[1] *Misssal Romano*, oração sobre as oferendas do IX domingo depois de Pentecostes.

a ação à contemplação e o presente à futura comunhão que todos buscamos.[2] Dia após dia, a liturgia vai nos transformando interiormente em templos santos do Senhor e morada espiritual de Deus,[3] até a plenitude de Cristo,[4] de tal forma que nos dá a força necessária para pregar Cristo e mostrar ao mundo o que é a Igreja,[5] como a reunião de todos os filhos de Deus ainda dispersos,[6] até que se tornem um só rebanho, sob um único pastor.[7]

A constituição sobre a liturgia e os diversos ritos

3. O Concílio, para restaurar e estimular a liturgia, julga dever lembrar certos princípios e estabelecer determinadas normas.

Entre tais princípios e normas há o que se pode e deve aplicar não só ao rito romano como a todos os outros. Contudo, as normas práticas visam unicamente

---

[2] Cf. Hb 13,14.

[3] Cf. Ef 2,21-22.

[4] Cf. Ef 4,13.

[5] Cf. Is 11,12.

[6] Cf. Jo 11,52.

[7] Cf. Jo 10,16.

ao rito romano, a não ser que, por sua própria natureza, digam também respeito igualmente a outros ritos.

O valor de todos os ritos

4. Fielmente de acordo com a tradição, o Concílio declara que para a santa madre Igreja todos os ritos legitimamente reconhecidos são igualmente dignos de respeito, devem ser observados e promovidos, de acordo com sua tradição específica, para que sejam fortalecidos e valorizados nas condições em que se vive hoje.

Capítulo I

PRINCÍPIOS GERAIS

I. NATUREZA E IMPORTÂNCIA DA LITURGIA NA VIDA DA IGREJA

A obra da salvação

5. Deus "quer que todos os homens sejam salvos e alcancem o reconhecimento da verdade" (1Tm 2,4). "Falou outrora aos pais, pelos profetas, de muitos modos e maneiras" (Hb 1,1). Quando veio a plenitude dos tempos, enviou seu Filho, Verbo encarnado, ungido pelo Espírito Santo, para evangelizar os pobres e curar os corações feridos,[8] como "médico do corpo e da alma",[9] mediador entre Deus e os homens.[10] Sua humanidade, unida à pessoa do Verbo, foi o instrumento de nossa salvação. Em Cristo "realizou-se nossa perfeita reconciliação e nos foi dado acesso à plenitude do culto divino".[11]

---

[8] Cf. Is 61,1; Lc 4,18.

[9] S. Inácio de Antioquia, *Ad Ephesios*, 7,2: ed. F. X. Funk, *Patres Apostolici* I, Tübingen, 1901, p. 218.

[10] Cf. 1Tm 2,5.

[11] *Sacramentarium Veronense (Leonianum)*: ed. Mohlberg, Roma, 1956, n. 1265, p. 162.

Cristo Senhor, especialmente pelo mistério pascal de sua paixão, ressurreição dos mortos e gloriosa ascensão, em que "morrendo destruiu a nossa morte e, ressuscitando, restaurou-nos a vida",[12] realizou a obra da redenção dos homens e, rendendo a Deus toda a glória, como foi prenunciado nas maravilhas de que foi testemunha o povo do Antigo Testamento. Do lado de Cristo, morto na cruz, brotou o admirável mistério da Igreja.[13]

A obra da salvação continua na Igreja, pela liturgia

6. Como foi enviado pelo Pai, também Cristo enviou os apóstolos no Espírito Santo, para pregar o Evangelho a toda criatura,[14] anunciando que o Filho de Deus, por sua morte e ressurreição, nos libertou do poder de satanás[15] e da morte, fazendo-nos entrar no reino do Pai. Ao mesmo tempo que anunciavam, realizavam a obra da salvação pelo sacrifício e pelos sacra-

---

[12] *Missal Romano*, prefácio pascal.

[13] Cf. S. Agostinho, *Enarr. in Ps.*, 138. 2; *CChr*. 40 Turnholti 1956, p. 1991; oração depois da segunda leitura do Sábado Santo, no *Missal Romano*, antes da restauração da Semana Santa.

[14] Cf. Mc 16,15.

[15] Cf. At 26,18.

mentos, através da liturgia. Pelo batismo, os homens são inseridos no mistério pascal de Cristo, participando de sua morte, de sua sepultura e de sua ressurreição,[16] recebem o espírito de adoção, como filhos, "no qual clamamos: Abba, Pai" (Rm 8,15) e se tornam os verdadeiros adoradores que o Pai procura.[17] Todas as vezes que participamos da ceia do Senhor, anunciamos a sua morte, até que venha.[18] No próprio dia de Pentecostes, em que a Igreja se manifestou ao mundo, "os que receberam a palavra de Pedro foram batizados e perseveravam na doutrina dos apóstolos, na partilha do pão e nas orações... louvando a Deus e sendo estimados por todo o povo" (At 2,41-47). Desde então, a Igreja nunca deixou de se reunir para celebrar o mistério pascal, lendo o "que dele se fala em todas as escrituras" (Lc 24,27), celebrando a eucaristia, "em que se representa seu triunfo e sua vitória sobre a morte",[19] dando igualmente graças a "Deus pelo dom inefável" (2Cor 9,15) em Cristo Jesus, para louvor de sua glória (Ef 1,12), na força do Espírito Santo.

---

[16] Cf. Rm 6, 4; Ef 2,6; Cl 3,1; 2Tm 2,11.

[17] Cf. Jo 4,23.

[18] Cf. 1Cor 11,26.

[19] Conc. de Trento, sess. XIII, 11.10.1551, decreto *De SS.Eucharist.* c. 5: Concilium Tridentinum, *Diariorum, Actorum, Epistolarum, Tractatuum nova collectio*, ed. Soc. Goerresianae, t. VII, *Actorum* pars IV, Friburgo em Brisgau, 1961, p. 202.

A presença de Cristo na liturgia

7. Para realizar tal obra, Cristo está sempre presente à sua Igreja, especialmente nas ações litúrgicas. Presente ao sacrifício da missa, na pessoa do ministro, "pois quem o oferece pelo ministério dos sacerdotes é o mesmo que então se ofereceu na cruz",[20] mas, especialmente presente sob as espécies eucarísticas.

Presente, com sua força, nos sacramentos, pois, quando alguém batiza, é o próprio Cristo que batiza.[21] Presente por sua palavra, pois é ele quem fala quando se lê a Escritura na Igreja. Presente, enfim, na oração e no canto da Igreja, como prometeu "estar no meio dos dois ou três que se reunissem em seu nome" (Mt 18,20).

Cristo age sempre e tão intimamente unido à Igreja, sua esposa amada, que esta glorifica perfeitamente a Deus e santifica os homens, ao invocar seu Senhor e, por seu intermédio, prestar culto ao eterno Pai.

Com razão se considera a liturgia o exercício do sacerdócio de Cristo, em que se manifesta por sinais e

---

[20] Conc. de Trento, sess. XXII, 17.9.1562, Doutrina *De ss. Missae sacrificio*, c. 2: Concilium Tridentinum, *ed. cit.*, t. VIII. *Actorum* pars V, Friburgo em Brisgau, 1919 p. 960.

[21] Cf. S. Agostinho, *In Ioannis Evangelium*, Tr. VI, c. I, n. 7: *PL* 35, 1428.

se realiza a seu modo a santificação dos seres humanos, ao mesmo tempo que o corpo místico de Cristo presta culto público perfeito à sua cabeça.

Toda celebração litúrgica, pois, como obra de Cristo sacerdote e de seu corpo, a Igreja, é ação sagrada num sentido único, não igualado em eficácia nem grau por nenhuma outra ação da Igreja.

Liturgia na terra e no céu

8. Na liturgia da terra, participamos, e, de certa maneira, antecipamos a liturgia do céu, que se celebra na cidade santa, a Jerusalém para a qual caminhamos, em que Cristo, sentado à direita do Pai, é como que o ministro das coisas santas e do verdadeiro tabernáculo.[22] Juntamente com todos os anjos do céu, cantamos um hino de glória ao Senhor. Celebrando a memória dos santos, esperamos participar um dia de seu convívio. Vivemos na expectativa do salvador, Nosso Senhor Jesus Cristo, até o dia em que se tornar manifesta a nossa vida e tomarmos parte, com ele, em sua glória.[23]

---

[22] Cf. Ap 21,2; Cl 3,1; Hb 8,2.

[23] Cf. Fl 3,20; Cl 3,4.

A liturgia não é, porém, a única atividade da Igreja

9. A sagrada liturgia não é a única atividade da Igreja, pois, antes de ter acesso à liturgia é preciso ser conduzido à fé e se converter. "Como invocar se não crêem? Como crer, se não ouvem? Como ouvir, sem pregador? Como haverá pregação sem missão?" (Rm 10,14-15).

Por isso, a Igreja anuncia a salvação aos que não crêem, para que todos os homens reconheçam a Deus, o verdadeiro, e seu enviado, Jesus Cristo, convertam-se e façam penitência.[24] Já aos que crêem, deve pregar a fé e a penitência, administrar os sacramentos, ensinar a observar tudo que Cristo ordenou,[25] estimular à prática da caridade, da piedade e do apostolado, que mostram que os fiéis não são deste mundo, mas estão aqui como luz do mundo, para glorificar ao Pai diante dos homens.

A liturgia é o cume e a fonte da vida da Igreja

10. Mas a liturgia é o cume para o qual tende toda a ação da Igreja e, ao mesmo tempo, a fonte de que promana sua força. Os trabalhos apostólicos

---

[24] Cf. Jo 17,3; Lc 24,47; At 2,38.

[25] Cf. Mt 28,20.

visam a que todos, como filhos de Deus, pela fé e pelo batismo, se reúnam para louvar a Deus na Igreja, participar do sacrifício e da ceia do Senhor.

A liturgia também leva os fiéis a serem "unânimes na piedade", depois de participarem dos "sacramentos pascais",[26] para que "na vida conservem o que receberam na fé".[27] A liturgia renova e aprofunda a aliança do Senhor com os homens, na eucaristia, fazendo-os arder no amor de Cristo. Dela, pois, especialmente da eucaristia, como de uma fonte, derrama-se sobre nós a graça e brota com soberana eficácia a santidade em Cristo e a glória de Deus, fim para o qual tudo tende na Igreja.

Que o coração acompanhe as palavras

11. Mas para que seja plena a eficácia da liturgia, é preciso que os fiéis se aproximem dela com as melhores disposições interiores, que seu coração acompanhe sua voz, que cooperem com a graça do alto e não a recebam em vão.[28] Cuidem, pois, os pas-

---

[26] *Missal Romano*, oração depois da comunhão da Vigília Pascal e do Domingo da Ressurreição.

[27] *Missal Romano*, oração de terça-feira da oitava pascal.

[28] Cf. 2Cor 6,1.

tores que, além de se observar as exigências de validade e liceidade das celebrações, os fiéis participem da liturgia de maneira ativa e frutuosa, sabendo o que estão fazendo.

Liturgia e oração pessoal

12. A vida espiritual não se resume na participação na liturgia. Chamado a orar em comum, o cristão não deve deixar também de entrar em seu quarto, para orar ao Pai no segredo do coração.[29] Pelo contrário, seguindo o conselho do apóstolo, deve orar sem cessar.[30] Pelo mesmo apóstolo, somos advertidos de que devemos levar sempre em nossos corpos os sinais da morte de Cristo, para que também a sua vida se manifeste, um dia, em nossos corpos mortais.[31] Pedimos, por isso, ao Senhor, no sacrifício da missa, que "aceite a hóstia da oblação espiritual e nos torne, a nós mesmos, uma oferenda eterna".[32]

---

[29] Cf. Mt 6,6.

[30] Cf. 1Ts 5,17.

[31] Cf. 2Cor 4,10-11.

[32] *Missal Romano*, oração sobre as oferendas, segunda-feira na oitava de Pentecostes.

Outras práticas da piedade

13. Recomendam-se vivamente as práticas de piedade do povo cristão, desde que estejam conformes às leis e normas da Igreja, mas especialmente quando se fizerem por mandato da sé apostólica.

As práticas recomendadas pelos bispos são especialmente dignas de louvor, desde que se façam segundo o costume e os livros legitimamente aprovados.

Devem se harmonizar com os tempos litúrgicos e se articular com a liturgia, pois dela derivam e são destinadas a conduzir o povo à liturgia, que é muito superior a todas as práticas.

II. FORMAÇÃO E PARTICIPAÇÃO LITÚRGICAS

Sua necessidade

14. A Igreja deseja ardentemente que todos os fiéis participem das celebrações de maneira consciente e ativa, de acordo com as exigências da própria liturgia e por direito e dever do povo cristão, em virtude do batismo, como "raça eleita, sacerdócio régio, nação santa e povo adquirido" (1Pd 2,9; cf. 2,4-5).

Procure-se, por todos os meios, restabelecer e favorecer a participação plena e ativa de todo o povo na liturgia. Ela é a fonte primeira e indispensável do espírito cristão. Os pastores de almas devem, pois, orientar para ela toda sua ação pastoral.

Para que isto aconteça, é indispensável que os próprios pastores estejam profundamente imbuídos do espírito e da força da liturgia, tornando-se capazes de ensiná-la aos outros. Deve-se, pois, antes de tudo, dar uma boa formação litúrgica aos clérigos. Por isso, o Concílio decidiu estabelecer o que segue.

Os professores de liturgia

15. Os professores que ensinam liturgia nos seminários, nas casas religiosas de estudo e nas faculdades teológicas, devem ter sido formados em um instituto especializado.

O ensino da liturgia

16. Nos seminários e nas casas religiosas de estudo, a liturgia deve ser considerada matéria indispensável e prioritária. Nas faculdades, ser contada entre as matérias principais, ensinada tanto do ponto de vista teológico e histórico, como do ponto de vista espiritual, pastoral e jurídico. Além disso, os professores das outras disciplinas, especialmente de teologia dogmática, Sagrada Escritura, teologia espiritual e pastoral, devem estudar o mistério de Cristo e da história da

salvação a partir das exigências intrínsecas de sua disciplina, para tornar clara a unidade da formação sacerdotal e sua conexão com a liturgia.

Formação litúrgica dos candidatos ao sacerdócio

17. Os clérigos nos seminários e nas casas religiosas devem adquirir uma formação litúrgica da vida espiritual, sendo devidamente introduzidos na compreensão dos ritos sagrados e deles participando plenamente, de sorte a estarem imbuídos do espírito da sagrada liturgia, através das celebrações litúrgicas e de outros exercícios de piedade. Aprendam também a observar as leis litúrgicas de maneira que a vida nos seminários e nas casas religiosas esteja profundamente marcada pelo espírito da liturgia.

Auxílio aos sacerdotes encarregados da cura das almas

18. Os sacerdotes que trabalham na vinha do Senhor, tanto seculares como religiosos, disponham do suporte necessário para exercer a liturgia de maneira a entender sempre o que estão fazendo e a viver uma vida litúrgica em comunhão com os fiéis que lhe foram confiados.

Formação litúrgica dos fiéis

19. Também os fiéis devem participar da liturgia, interior e exteriormente, de acordo com sua idade, condição, gênero de vida e grau de cultura religiosa. Os pastores atuem pacientemente nesse sentido, sabendo que é um dos principais deveres de quem é chamado a dispensar fielmente os mistérios de Deus. Nesse particular, conduzam o seu rebanho não só com palavras, mas também com o exemplo.

Os meios audiovisuais e a liturgia

20. As transmissões dos atos litúrgicos pelo rádio e pela televisão, especialmente da missa, sejam feitas de maneira discreta e decorosa, sob a direção e patrocínio de pessoas idôneas, designadas pelo bispo.

III. A REFORMA LITÚRGICA

21. A Igreja deseja fazer quanto antes uma reforma litúrgica geral, para que o povo cristão aproveite melhor as riquezas de graça contidas na liturgia. Há, na liturgia, uma parte imutável, de instituição divina, e outras sujeitas a modificações, que podem e devem variar no decurso do tempo, desde que apresentem aspectos menos apropriados à natureza íntima da própria liturgia ou que se tenham tornado obsoletos.

Nesta reforma, os textos e os ritos devem vir a exprimir com clareza as realidades santas que significam, para que o povo cristão as perceba com maior facilidade, na medida do possível, e possa participar plena e ativamente da celebração comunitária.

O Concílio estabelece, pois, as seguintes normas gerais.

A) Normas gerais

A regulamentação litúrgica compete à hierarquia

22. §1. Na Igreja, a regulamentação da liturgia compete unicamente à autoridade, isto é, à sé apostólica e, segundo a norma do direito, aos bispos.

§ 2. Em virtude do direito e dentro dos limites estabelecidos, a regulamentação da liturgia compete também às diversas assembléias episcopais territoriais, legitimamente estabelecidas.*

---

* As normas estabelecidas ad interim (provisoriamente) no que diz respeito às conferências episcopais nacionais ou territoriais, pela constituição *Sancrosanctum Concilium*, n. 22, § 2 (Ench. 36), pelo motu proprio *Sacram liturgiam*, n. X e pela instrução *Inter oecumenici* deixaram de vigorar depois do decreto *Christus Dominus* e do motu proprio *Ecclesiae sanctae*, que regulamentaram o funcionamento das conferências episcopais (cf. *Responso* da pontifícia comissão para a interpretação dos decretos do Concílio Vaticano II, de 5.2.1968: AAS 60 (1968), p. 362, (N. d. R.).

§ 3. Ninguém mais, nem mesmo um sacerdote, seguindo a própria inspiração, pode acrescentar, tirar ou mudar alguma coisa na liturgia.

Tradição e evolução

23. A modificação de cada uma das partes da liturgia deve estar sempre baseada em rigorosos estudos teológicos, históricos e pastorais, para que se mantenha a tradição e se abram os caminhos para uma legítima evolução. Considerem-se também as leis gerais da estrutura e do espírito da liturgia, a experiência, as modificações já introduzidas e, finalmente, aquelas que provêm de indultos já obtidos. Nenhuma inovação seja introduzida senão em função da utilidade da Igreja, com base em exigências reconhecidamente verdadeiras e com toda cautela, procurando novas formas, que provenham como que organicamente das antigas.

Evitem-se também, quanto possível, grandes diferenças entre ritos de regiões vizinhas.

A Bíblia e a liturgia

24. A Escritura desempenha papel de primordial importância na celebração litúrgica. Fornece as leituras e é explicada na homilia. Cantam-se os salmos, cuja inspiração e sentimento se prolongam nos hinos

e orações litúrgicas, conferindo significação às mais diferentes ações. Quando se procura, pois, reformar a liturgia, fazê-la evoluir e adaptá-la, é preciso cuidar para que se conserve, suave e vivo, o gosto pela Sagrada Escritura, que caracteriza a tradição dos ritos, tanto orientais como ocidentais.

Revisão dos livros litúrgicos

25. Revejam-se, quanto antes, os livros litúrgicos das diversas regiões com o auxílio de peritos e de acordo com os bispos.

B) Normas da ação litúrgica da hierarquia e da comunidade

26. As ações litúrgicas não são ações privadas, mas celebrações da Igreja, *sacramento da unidade*, povo santo reunido ordenadamente em torno do bispo.[33]

São, pois, ações de todo o corpo da Igreja, que lhe dizem respeito e o manifestam, interessando a cada um dos membros de maneira diversa, segundo a variedade das ordens, das funções e da participação efetiva.

---

[33] S.Cipriano, *De cath. eccl. unitate*, 7; ed. G. Hartel, em CSEL,t. III, 1. Viena, 1868, pp. 215-216. Cf. *Ep*. 66, n. 8, 3; ed. cit. t. III, 2. Viena 1871, pp. 732-733.

Preferência dada à celebração comunitária

27. Sempre que o rito, por natureza, comportar uma celebração comum, com a presença e efetiva participação dos fiéis, deve-se estimulá-la, na medida do possível, dando-lhe preferência à celebração privada.

Isso vale para administração dos sacramentos e sobretudo para celebração da missa, sem que se conteste a natureza pública e social, mesmo da missa privada.

A dignidade na celebração

28. Em todas as celebrações litúrgicas, ministro e fiéis, no desempenho de sua função, façam somente aquilo e tudo aquilo que convém à natureza da ação, de acordo com as normas litúrgicas.

29. Os acólitos, leitores, comentadores e cantores exercem um verdadeiro ministério litúrgico. Desempenhem, pois, as suas funções com devoção e ordenadamente, como convém à dignidade do ministério e ao que o povo de Deus deles exige, com todo o direito.

Desde cedo, portanto, estejam todos imbuídos do espírito da liturgia e sejam devidamente iniciados no desempenho correto de seus respectivos papéis.

Participação ativa dos fiéis

30. Para promover a participação ativa do povo, recorra-se a aclamações, respostas, salmodias, antífonas, cânticos, assim como a gestos ou atitudes corporais. Nos momentos devidos, porém, guarde-se o silêncio sagrado.

31. Na revisão dos livros litúrgicos, as rubricas devem prever também as ações dos fiéis.

Liturgia e classes sociais

32. Ninguém pode ser colocado em evidência nas celebrações, cerimônias ou festas litúrgicas, a não ser em vista das funções ministeriais que exerce, da ordem a que pertence e da reverência que se deve, de acordo com a norma litúrgica, às autoridades civis.

c) Normas didáticas e pastorais

33. Embora vise principalmente ao culto da divina majestade, a liturgia contém muitos elementos de instrução para o povo.[34] Na liturgia, Deus fala a seu povo e Cristo anuncia o Evangelho. O povo responde com cânticos e com oração.

---

[34] Cf. Conc. de Trento, sess. XXII, 17.9.1562. Doutrina *De ss. Missae sacrif.*, c. 8: *Concilium Tridentinum*, ed. cit. t. VIII, p. 961.

O sacerdote preside à assembléia em nome de Cristo. As preces que dirige a Deus são feitas em nome do povo e de todos os presentes. Os sinais usados para manifestar as coisas invisíveis foram escolhidos por Cristo e pela Igreja. Todos esses sinais visam à "nossa instrução", não apenas quando se lê "o que foi escrito" (Rm 15,4), mas também quando a assembléia ora, canta ou age, alimentando a participação dos fiéis e lhes despertando o espírito para Deus, a fim de que lhe prestem um culto consciente e dele recebam todas as riquezas da graça.

Observem-se, pois, na reforma litúrgica, as seguintes normas gerais.

Características do rito

34. O rito deve se caracterizar por uma nobre simplicidade, ser claro e breve, evitar as repetições, estar ao alcance dos fiéis e não necessitar de muitas explicações.

Bíblia, pregação e catequese litúrgica

35. Para tornar claro o nexo entre palavra e rito:

1) restaure-se o uso abundante, variado e bem distribuído da Sagrada Escritura nas celebrações litúrgicas;

2) indique-se nas rubricas o lugar apropriado à fala, como parte da ação litúrgica, no contexto do

rito, cuidando que se exerça com a maior fidelidade o ministério da pregação. Esta, por sua vez, deve se basear na Escritura e na própria liturgia, sendo anúncio das maravilhas de Deus na história da salvação e do mistério de Cristo, que está sempre presente, de maneira ativa, especialmente nas celebrações litúrgicas;

3) a catequese seja feita em continuidade com a liturgia. Nos próprios ritos, se necessário, devem-se inserir breves admoestações do sacerdote ou de outro ministro competente, a serem feitas em momentos oportunos, com palavras preparadas anteriormente, ou ditas no mesmo espírito;

4) promovam-se celebrações da Palavra de Deus nas vigílias das grandes festas, em certos dias da Quaresma e do Advento, nos domingos e dias santos, principalmente nos lugares em que não há sacerdotes. Nesse caso a celebração pode ser presidida por um diácono ou por outro delegado do bispo.

A língua litúrgica

36. § 1. Conserve-se o latim nos ritos latinos, salvo exceção de direito.

§ 2. Como porém, na missa, na administração dos sacramentos e em outras partes da liturgia o emprego do vernáculo é, em geral, de grande utilidade para o povo, deve-se ampliar o seu uso, a começar pelas leituras e admoestações, em certas orações e cânticos, segundo as normas que se estabelecerão abaixo, a respeito de cada um desses aspectos.

§ 3. Mantidos esses princípios, compete às autoridades eclesiásticas territoriais, a que se referiu acima, artigo 22 § 2, caso seja oportuno, de acordo com os bispos das regiões vizinhas que falam a mesma língua, decidir a respeito do uso do vernáculo, com a aprovação e confirmação da sé apostólica.

§ 4. A tradução do latim para uso litúrgico deve ser aprovada pela autoridade eclesiástica territorial competente.

D) NORMAS PROVENIENTES DA ÍNDOLE E TRADIÇÕES DO POVO

37. A Igreja não pretende impor a uniformidade litúrgica. Mostra-se flexível diante de tudo que não esteja vinculado necessariamente à fé e ao bem de toda a comunidade. Interessa-lhe manter e incentivar as riquezas e os dons das diversas nações e povos. Tudo, pois, que não estiver ligado indissoluvelmente a erros ou superstições deve ser levado em consideração, conservado e até promovido, podendo mesmo, em certos casos, ser assimilado pela liturgia, desde que esteja

em harmonia com o modo de ser e o verdadeiro espírito litúrgico.

38. Mantida a unidade substancial do rito romano, admitem-se, na própria revisão dos livros litúrgicos, legítimas variações e adaptações aos diversos grupos, regiões e povos, principalmente nas missões, devendo-se prever essas variações na estrutura dos ritos e nas rubricas.

39. Compete à autoridade eclesiástica territorial, de acordo com o art. 22 § 2, definir essas modificações, dentro dos limites das edições oficiais dos livros litúrgicos, especialmente no que respeita à administração dos sacramentos, aos sacramentais, às procissões, à língua litúrgica, à música e à arte sagradas, segundo as normas fundamentais desta constituição.

Nas dioceses e paróquias

40. Como, porém, em certos lugares ou circunstâncias se requer uma modificação mais profunda da liturgia e, portanto, mais difícil, fica estabelecido que:

1) O assunto seja levado quanto antes à autoridade competente, de acordo com o art. 22 § 2, que decidirá com prontidão e prudência o que se pode e é oportuno admitir no culto divino, em continuidade com as tradições e a índole de cada povo. Peça-se então à Sé Apostólica autorização para introdução das adaptações julgadas úteis e necessárias.

2) Para que a adaptação seja feita com a devida prudência, a sé apostólica dará poderes à autoridade territorial competente para que, conforme o caso, permita e oriente sua introdução em determinados grupos julgados aptos, a título de experiência.

3) Como a aplicação das leis litúrgicas sobre as adaptações encontra especiais dificuldades nas missões, deve-se formar, o quanto antes, peritos nesse assunto.

IV. A VIDA LITÚRGICA NAS DIOCESES E PARÓQUIAS

41. O bispo seja tido como grande sacerdote, em seu rebanho, de que deriva e, de certa maneira, depende, a vida dos seus fiéis, em Cristo.

Todos devem dar a máxima importância à vida litúrgica da diocese, em torno do bispo, nas catedrais. Estejam persuadidos de que a principal manifestação da Igreja é a participação plena e ativa de todo o povo de Deus nessas celebrações litúrgicas, especialmente na mesma eucaristia, na mesma oração e em torno do mesmo altar, sob a presidência do bispo, cercado de seu presbitério e de seus ministros.[35]

---

[35] Cf. S. Inácio de Antioquia, *Ad Magn.*, 7; *Ad Philad.*, 4; *Ad Smyrn.*, 8: ed. F.X. Funk, cit. I, pp. 236, 266, 281.

42. Mas o bispo não pode estar sempre presente à sua igreja, nem presidir o rebanho em toda parte. É preciso por isso que se constituam comunidades de fiéis. Entre essas, têm especial relevo as paróquias locais, organizadas em torno de um pastor que faz as vezes de bispo. São elas que, de certa forma, representam a Igreja visível existente no mundo.

A vida litúrgica paroquial deve manter, no espírito e na prática, estreita relação com o bispo, tanto por parte dos fiéis como pelo clero. A celebração da missa dominical é a principal expressão e o sustento do espírito paroquial comunitário.

V. A PASTORAL LITÚRGICA

43. O interesse pela valorização e pela restauração da liturgia é sinal de disposições providenciais de Deus. É uma passagem do Espírito pela sua Igreja. Caracteriza e constitui o modo religioso de viver e de sentir, em nossa época.

Para favorecer o desenvolvimento da pastoral litúrgica o Concílio decide o seguinte:

Comissão litúrgica nacional

44. A autoridade territorial eclesiástica competente, de acordo com o art. 22 § 2, deve constituir uma

comissão litúrgica que conte com o auxílio de pessoas qualificadas em ciência litúrgica, música, arte sacra e pastoral. A comissão procurará manter um instituto de pastoral litúrgica, que inclua leigos especialistas nessas matérias. Compete à mesma comissão, sob a autoridade eclesiástica territorial acima mencionada, conduzir a pastoral litúrgica em sua área e promover os estudos e as experiências necessárias, sempre que se tratar de propor adaptações à sé apostólica.

Comissão litúrgica diocesana

45. Nos mesmos moldes, se constitua em cada diocese uma comissão litúrgica para promover a ação litúrgica sob a orientação do bispo.

Pode ser conveniente constituir uma comissão única, de várias dioceses, para se chegar a um entendimento comum sobre o que fazer.

Comissões de música e arte sacras

46. Além da comissão litúrgica, podem ser criadas uma comissão de música e outra, de arte sacra.

Mas é preciso então que estas três comissões trabalhem em perfeito entendimento e, freqüentemente, reúnam-se numa mesma comissão.

CAPÍTULO II

O MISTÉRIO EUCARÍSTICO

A missa, sacrifício e banquete pascal

47. Na última ceia, na noite em que seria traído, nosso Salvador instituiu o sacrifício eucarístico do seu corpo e sangue, que perpetuaria o sacrifício da cruz durante os séculos, até que voltasse. Legou assim à sua Igreja, como à esposa amada, o memorial de sua morte e ressurreição: sacramento de piedade, sinal de unidade, vínculo da caridade[1] e banquete pascal, "em que se toma Cristo, em que a mente se enche de graça e em que nos é dado o penhor da glória futura".[2]

A participação ativa dos fiéis

48. A Igreja procura fazer com que os fiéis estejam presentes a este mistério, não como estranhos ou simples espectadores, mas como participantes conscientes,

[1] Cf. S. Agostinho, *In Ioannis Evangelium Tractatus XXVI*, c. 6, n. 13; PL 35, 1613.

[2] *Breviário Romano*, festa do Corpo de Deus, II Vésperas, ant. do Magnificat.

piedosos e ativos. Devem entender o que se passa, instruir-se com a palavra de Deus e alimentar-se da mesa do corpo do Senhor. Dar graças a Deus, sabendo que a hóstia imaculada, oferecida não só pelas mãos dos sacerdotes, mas também pelos fiéis, representa o oferecimento cotidiano de si mesmos até que se consuma, pela mediação de Cristo, a unidade com Deus e entre si,[3] e Deus venha, enfim, a ser tudo em todos.

49. Para que o sacrifício da missa alcance seus objetivos pastorais, inclusive na forma com que é celebrado, o Concílio, tendo em vista, sobretudo, as missas a que acorre o povo, nos domingos e dias festivos, determina:

Reforma do ordinário da missa

50. As diversas partes da missa devem ser revistas de maneira a que a natureza de cada uma e sua íntima interconexão sejam mais claras, facilitando a participação piedosa e ativa de todos os fiéis.

Os ritos devem ser simplificados, mantendo-se a sua substância. Deixem-se de lado as repetições, que se introduziram com o tempo ou foram acrescentadas

---

[3] Cf. S. Cirilo de Alexandria, *Commentarium in Ioannis Evangelium*, liv. 11, capp. 11-12: *PG* 74, 557-565; especialmente 564-565.

sem grande utilidade. Desde que sejam necessárias, ou mesmo, simplesmente, oportunas, recuperem-se algumas normas antigas dos santos padres, que foram aos poucos desaparecendo.

Ampliar o espaço da Bíblia

51. Quanto mais a palavra de Deus for oferecida aos fiéis, maior acesso terão aos tesouros da Bíblia. Por isso, deve-se ler uma parte bem maior das Escrituras, nos espaços litúrgicos que lhe são reservados cada ano.

A homilia

52. A homília é a exposição dos mistérios sagrados e das normas da vida cristã, a partir dos textos sagrados, no decurso do ano litúrgico. Recomenda-se vivamente a sua prática, como parte integrante da liturgia. Nas missas dos domingos e festas de preceito, com a presença do povo, não se deve omiti-la.

A "oração dos fiéis"

53. Restaure-se a oração comum ou dos fiéis, depois do evangelho e da homilia, especialmente nos domingos e dias de festa. O povo que dela participa ore publicamente pela Igreja, pelos governantes, pe-

los que passam necessidade e pela salvação de todos os homens.[4]

O latim e o vernáculo na missa

54. As línguas vernáculas podem ser usadas nas missas celebradas com o povo, especialmente nas leituras e na oração comum. Também nas partes que dizem respeito ao povo, de acordo com as circunstâncias locais, conforme o artigo 36 desta constituição.

Não se abandone porém completamente a recitação ou o canto em latim, das partes do ordinário da missa que competem aos fiéis.

Caso em alguns lugares seja recomendável ampliar o uso do vernáculo, observe-se o que foi prescrito no artigo 40 desta constituição.

A comunhão sob as duas espécies

55. Recomenda-se vivamente a perfeita participação na missa, que inclui a comunhão do corpo do Senhor, consagrado no mesmo sacrifício, depois de o sacerdote haver comungado.

---

[4] Cf. 1Tm 2,1-2.

Mantidos os princípios doutrinários estabelecidos no concílio de Trento,[5] pode-se conceder aos clérigos, religiosos e leigos, a comunhão sob as duas espécies, nos casos a serem definidos pela sé apostólica e de acordo com o que estabelecerem os bispos, como, por exemplo, aos clérigos, nas missas em que são ordenados, aos religiosos, na missa de sua profissão e aos neófitos, na missa logo depois do batismo.

A unidade da missa

56. A missa consta de duas partes: a liturgia da palavra e a liturgia eucarística. Estão de tal maneira unidas entre si que constituem um único ato de culto. O Concílio recomenda que os pastores, em sua catequese, insistam junto aos fiéis na importância de participar da missa inteira, nos domingos e dias festivos.

A concelebração

57. §1 — Na concelebração se torna manifesta a unidade do sacerdócio. Ela permanece até hoje em uso tanto no Oriente como no Ocidente. Por isso, o Concí-

---

[5] Sess. 21, 16.7.1562. *Doctrina de Communione sub utraque specie et parvulorum*, capp. 1-2, cann, 1-3: Concilium Tridentinum, *ed. cit.*, t. 8, p. 698-699.

lio decidiu estender o direito de concelebrar aos seguintes casos:

1º a) na Quinta-feira Santa, tanto na missa do crisma como na missa vespertina;

b) nas missas conciliares, sinodais e nas assembléias episcopais;

c) na missa da bênção de um abade.

2º Além disso, com a anuência da autoridade a quem compete julgar da oportunidade da concelebração:

a) na missa conventual ou na missa principal de uma igreja, quando a utilidade dos fiéis não requer a celebração individual de todos os sacerdotes;

b) nas missas celebradas por ocasião de quaisquer reuniões de sacerdotes, religiosos ou leigos.

§2. 1º Compete ao bispo estabelecer as normas para a concelebração na diocese.

2º Todo sacerdote tem, porém, o direito de celebrar individualmente, não porém ao mesmo tempo, na mesma igreja nem na Quinta-feira Santa.

58. Estabeleça-se o rito da concelebração tanto no pontifical como no missal romano.

Capítulo III

OS OUTROS SACRAMENTOS E OS SACRAMENTAIS

A natureza dos sacramentos

59. Os sacramentos se destinam à santificação dos seres humanos, à edificação do corpo de Cristo e, finalmente, ao culto que se deve a Deus. Como sinais, visam também à instrução. Requerem a fé, mas também a alimentam, sustentam e exprimem, com palavras e coisas, merecendo, por isso, ser chamados sacramentos da fé. Conferem a graça, mas também dispõem os fiéis a recebê-la frutuosamente, prestar o devido culto a Deus e exercer a caridade.

É de suma importância que os fiéis entendam os sinais sacramentais e freqüentem assiduamente os sacramentos, instituídos para sustento da vida cristã.

Os sacramentais

60. Além disso, a Igreja instituiu os sacramentais. São sinais sagrados que têm certo parentesco com os sacramentos, significando efeitos espirituais que a

Igreja obtém por suas preces. Dispõem as pessoas a participarem dos efeitos dos sacramentos e a se santificarem nas diversas circunstâncias da vida.

61. A liturgia dos sacramentos e dos sacramentais coloca o ser humano em relação com o mistério pascal da morte e da ressurreição de Cristo, em quase todas as ocasiões da vida. Do mistério pascal derivam a graça e a força com que se santificam os fiéis bem-dispostos. Todo uso honesto das coisas materiais pode assim ser orientado para a santificação das pessoas e para o louvor de Deus.

A reforma dos ritos sacramentais

62. Com o correr dos tempos, muita coisa se inseriu nos ritos dos sacramentos e dos sacramentais, que os torna pouco transparentes às pessoas de hoje. Deve-se pois reformulá-los, adaptando-os à nossa época. O Concílio estabelece as seguintes reformas:

A língua

63. Na maioria das vezes é importante que o povo entenda o que se diz na administração dos sacramentos; e dos sacramentais, devendo-se pois ampliar o uso do vernáculo, de acordo com as seguintes normas:

a) Na administração dos sacramentos e dos sacramentais, pode-se empregar o vernáculo, de acordo com o artigo 36 desta constituição;

b) prevejam-se ritos particulares, adaptados às necessidades de cada região, inclusive no que diz respeito à língua, numa nova edição do ritual romano, a ser preparada pela autoridade territorial competente, de acordo com o artigo 22 § 2, desta constituição, aprovada pela sé apostólica e aplicada na região em questão. Nesses novos rituais ou coleções de ritos, constem as instruções do ritual romano referentes aos aspectos pastorais, às rubricas e à importância social de cada rito.

O catecumenato

64. Restaure-se o catecumenato dos adultos, em diversos níveis, de acordo com a autoridade local. As etapas do catecumenato podem ser santificadas por diversos ritos, aptos a manifestar seu espírito.

Reforma do rito batismal

65. Nas regiões de missão, especialmente de tradição cristã, pode-se admitir elementos de iniciação próprios de cada povo, desde que possam se articular

com o rito cristão, de acordo com os artigos 37 § 40 desta constituição.

66. Reformem-se os ritos do batismo de adultos, tanto o breve como o solene, levando em conta a restauração do catecumenato. No missal romano se insira uma missa especial "Na administração do batismo".

67. Reforme-se o rito do batismo das crianças, adaptando-o à condição infantil e enfatizando a participação e os deveres dos pais e padrinhos.

68. De acordo com a autoridade local, sejam previstas adaptações quando há um grande número de crianças a batizar. Estabeleça-se também um ritual mais simples, que possa ser usado especialmente nas terras de missão, inclusive por catequistas ou leigos, quando há perigo de morte, na falta de sacerdote ou diácono.

69. O assim chamado "rito para suprir as cerimônias omitidas sobre uma criança já batizada" seja substituído por outro, em que se mostre de maneira mais clara e convincente que a criança, batizada no rito breve, já é membro da Igreja.

Estabeleça-se igualmente um rito para a admissão na comunhão da Igreja católica dos convertidos já validamente batizados.

70. Fora do tempo pascal, pode-se benzer a água batismal no próprio rito do batismo, com uma fórmula mais simples.

Reforma do rito da crisma

71. O rito da confirmação deve ser revisto no sentido de manifestar melhor a conexão desse sacramento com o conjunto da iniciação cristã. É conveniente fazer, pois, a renovação das promessas do batismo preceder a administração da crisma.

A confirmação pode ser administrada na missa. Em caso contrário, deve-se prever uma fórmula de introdução.

Reforma do rito da penitência

72. O rito e as fórmulas do sacramento da penitência devem ser revistos de maneira a manifestar mais claramente a natureza e os efeitos do sacramento.

A unção dos enfermos

73. A "extrema-unção", que é melhor chamar de "unção dos enfermos", não é propriamente o sacramento daqueles que estão nos últimos momentos da vida. Deve ser recebida oportunamente, desde que o fiel esteja em perigo de morte, por causa da doença ou da idade.

74. Além dos ritos específicos da unção dos enfermos e do viático, prepare-se um ritual conjunto em que se faça a unção depois da confissão e antes da recepção do viático.

75. O número das unções é variável segundo as circunstâncias. Revejam-se as orações referentes ao rito da unção dos enfermos de maneira que estejam adaptadas às condições pessoais de cada doente que recebe o sacramento.

Reforma do rito da ordenação

76. Reveja-se o rito tanto das cerimônias quanto dos textos das ordenações. A alocução do bispo no início de cada ordenação ou consagração pode ser feita em vernáculo.

Na consagração episcopal, todos os bispos presentes podem impor as mãos.

Reforma do rito do matrimônio

77. O rito do matrimônio, atualmente constante no ritual, deve ser revisto e enriquecido de maneira a expressar melhor a graça do sacramento e a realçar os deveres dos cônjuges.

"O Concílio deseja vivamente que se mantenham de fato os costumes louváveis de cada lugar"[1] na celebração do sacramento do matrimônio.

---

[1] Conc. Trid., sess. 24, 11.11.1563. Decreto *De reformatione*, c. 1: Conc. Trid. *ed. cit.* t. 9, *Actorum*, parte 6, Friburgo em Brisgau, 1924, p. 969. Cf. *Rituale Romanum*, t. 8, c. 2, n. 6.

A autoridade territorial competente, de acordo com o artigo 22, § 2 e com o artigo 63 desta constituição, tem a faculdade de estabelecer um rito próprio para o matrimônio, em consonância com os usos e costumes locais de cada povo, desde que se mantenha a exigência da presença de um sacerdote, que receba o consentimento dos nubentes.

78. O matrimônio seja habitualmente celebrado na missa, depois da leitura do Evangelho e da homília, antes da oração dos fiéis. A oração pela esposa pode ser dita em língua vernácula, depois de corrigida no sentido de acentuar o dever recíproco de fidelidade.

Quando se celebrar fora da missa, leia-se antes a epístola e o Evangelho da missa pelos esposos e, em todos os casos, seja dada a bênção nupcial.

Reforma dos sacramentais

79. A reforma dos sacramentais obedeça aos princípios gerais de participação fácil, consciente e ativa dos fiéis, atendendo às necessidades próprias do nosso tempo. Na revisão dos rituais, conforme o artigo 63, podem ser introduzidos novos sacramentais, em vista das necessidades atuais.

As bênçãos reservadas sejam reduzidas ao mínimo, e sempre em favor dos bispos ou dos que gozam de autoridade, segundo o direito.

Sejam previstos sacramentais que, ao menos em circunstâncias especiais, possam ser administrados por leigos, dotados das qualidades indispensáveis para tanto.

A profissão religiosa

80. Reveja-se o rito da consagração das virgens que se encontra no pontifical romano.

Elaborem-se ritos para a profissão religiosa e para a renovação dos votos, conferindo maior unidade, sobriedade e dignidade à profissão ou renovação dos votos durante a missa, sem prejuízo dos direitos particulares.

É louvável que a profissão seja feita durante a missa.

Reforma dos funerais

81. As exéquias devem exprimir melhor o caráter pascal da morte cristã e corresponder o melhor possível, mesmo no que diz respeito à cor, às exigências e tradições de cada região.

82. Reveja-se o rito de sepultamento das crianças e se componha uma missa própria.

Capítulo IV

O OFÍCIO DIVINO

O ofício divino, obra de Cristo e da Igreja

83. Ao assumir a natureza humana, Cristo Jesus, sumo sacerdote do Novo e Eterno Testamento, introduziu neste exílio terrestre o hino que eternamente se canta no céu. Unindo-se a toda a estirpe humana, a associa ao seu próprio cântico de louvor.

Continua a exercer este seu papel sacerdotal por meio de sua Igreja, que louva o Senhor sem interrupção e ora pela salvação de todo o mundo, não apenas na celebração da eucaristia, mas especialmente no desempenho do ofício divino.

84. A tradição antiga organizou o ofício divino de maneira a consagrar ao louvor divino todo o tempo do dia e da noite. Os sacerdotes e todos os que na Igreja são oficialmente dedicados a esta função e os próprios fiéis que adotam essa forma comprovada de oração, ao se dedicarem convenientemente a este admirável cântico de louvor, são a voz da esposa, que fala ao esposo, ou mesmo a oração do próprio Cristo, que se dirige ao Pai, através de seu corpo.

85. Todos que prestam esse serviço cumprem uma obrigação da Igreja e participam da mais elevada honra da esposa de Cristo, pois, dedicando-se ao louvor divino, apresentam-se diante do trono de Deus em nome da Igreja mãe.

Valor pastoral do ofício divino

86. Os sacerdotes empenhados no ministério pastoral devem se dedicar ao louvor das horas, com tanto maior fervor quanto mais consciência tiverem da admoestação do apóstolo: "orai sem interrupção" (lTs 5,17). Somente o Senhor pode tornar eficaz e consolidar o trabalho que fazem, como ele mesmo o disse: "sem mim, nada podeis fazer" (Jo 15,5) e os apóstolos disseram, ao instituírem os diáconos: "Nós nos dedicaremos inteiramente à oração e ao serviço da palavra" (At 6,4).

87. Para que o ofício divino seja melhor desempenhado e de modo mais perfeito por todos os sacerdotes ou outros membros da Igreja, o Concílio, dando prosseguimento às iniciativas já felizmente tomadas pela sé apostólica, resolveu estabelecer o seguinte:

A reforma das horas

88. O ofício tem por objetivo a santificação do dia. As horas devem, pois, corresponder ao tempo que indicam. Leve-se também em conta as condições da vida moderna, especialmente para aqueles que se dedicam ao apostolado.

Normas para a reforma do ofício divino

89. Na sua reforma, observem-se as seguintes normas:

a) Laudes, como oração da manhã, e vésperas, como oração da tarde, sejam consideradas as horas mais importantes e venham a constituir como que os dois eixos do ofício cotidiano, de acordo com venerável tradição de toda a Igreja.

b) Completas seja concebida de forma a constituir de fato o fim do dia.

c) Matinas, embora continue a ser considerada, no coro, hora noturna, seja constituída de maneira a poder ser recitada a qualquer hora do dia, com redução da salmodia, em favor de leituras mais longas.

d) Prima seja supressa.

e) Terça, sexta e noa sejam conservadas no coro, mas, fora dele, deve-se poder escolher uma delas, de acordo com o período do dia em que se recita.

O ofício divino e a vida de oração

90. O ofício divino, oração pública da Igreja, é fonte de piedade e alimento da oração pessoal. Exortamos os sacerdotes e todos que participam do ofício divino a desempenhá-lo de maneira que sua mente concorde com sua voz. Para alcançar tais objetivos, cultivem melhor sua formação litúrgica e bíblica, especialmente no que se refere aos salmos.

Na reforma a ser feita, procure-se tornar mais acessível e aberto a todos o tesouro venerável e secular do ofício romano.

Os salmos

91. Para que se possa melhor observar as horas, tal como foi proposto no artigo 89, os salmos, em lugar de serem distribuídos no decurso de uma semana, sejam dispostos num espaço maior.

A revisão do saltério, já iniciada, seja terminada, de acordo com o latim cristão, com o uso litúrgico, inclusive no canto, e com toda a tradição da Igreja latina.

As leituras

92. No que respeita às leituras observe-se o seguinte:

a) a leitura da Sagrada Escritura deve permitir um acesso mais amplo ao tesouro da palavra divina;

b) as leituras dos padres, dos doutores e escritores eclesiásticos sejam melhor escolhidas;

c) os atos dos mártires e vidas de santos correspondam à verdade histórica.

Os hinos

93. Procure-se, quando conveniente, restaurar a forma antiga dos hinos, eliminando o que se inspira na mitologia ou tem pouca relação com a piedade cristã. Adotem-se, eventualmente, outros hinos pertencentes ao tesouro da tradição.

A recitação das horas

94. Na recitação das horas canônicas, procure-se respeitar o tempo a que cada uma delas corresponde, o que não só contribui para a santificação do dia como facilita a obtenção dos frutos espirituais da própria recitação.

A obrigação do ofício divino

95. As comunidades obrigadas ao coro, além da missa conventual, estão igualmente obrigadas à recitação coral diária do ofício divino no coro.

a) As ordens de cônegos, os monges e monjas e todos os religiosos que pelo direito ou pelas constituições estão obrigados ao coro estão também obrigados a todo o ofício.

b) Os capítulos das catedrais ou colegiados estão obrigados às partes do ofício impostas pelo direito comum ou particular.

c) Todos os membros dessas comunidades, que têm as ordens maiores ou são professos solenes, exceto os irmãos conversos, devem recitar privadamente as horas de que estiveram ausentes no coro.

96. Os clérigos não obrigados ao coro, desde que acedam às ordens maiores, devem rezar o ofício em comum ou em particular, diariamente, de acordo com o artigo 89.

97. Defina-se oportunamente, nas rubricas, a substituição do ofício por determinadas celebrações litúrgicas.

Em casos particulares, por justa causa, a autoridade pode dispensar os seus súditos da recitação de todo o ofício ou de uma parte dele, ou ainda, substituí-lo por outra prática.

98. Os religiosos que recitam parte do ofício em virtude de suas constituições participam da oração pública da Igreja.

O mesmo se diga dos que recitam um pequeno ofício, por determinação das constituições, desde que seja concebido de maneira análoga ao ofício e devidamente aprovado.

A recitação do ofício em comum

99. O ofício é a voz da Igreja e de todo o corpo místico de Cristo, em louvor público a Deus. Embora não estejam obrigados, os clérigos devem estar convencidos de que convém recitar em comum ao menos uma parte do ofício, quando moram juntos ou participam de uma reunião comum.

Todos os que recitam o oficio no coro ou em comum devem exercer essa função de maneira perfeita, tanto no que diz respeito à devoção interior quanto à execução externa.

É sempre conveniente também cantar o ofício, no coro ou em comum.

A participação dos fiéis no ofício divino

100. Os pastores procurem celebrar em comum, na igreja, as principais horas, pelo menos as vésperas, nos domingos e dias festivos. Recomenda-se que os leigos recitem o ofício, em comum com os sacerdotes, entre si ou mesmo individualmente.

A língua usada no ofício

101. § 1) A tradição secular do rito latino usa o latim, que deve ser adotado pelos clérigos na recitação do ofício. A autoridade local tem, entretanto, a faculdade de adotar o vernáculo, observadas, em cada caso, as disposições do artigo 36, para aqueles clérigos que encontram no latim um verdadeiro obstáculo à recitação do ofício.

§ 2) As monjas e os religiosos ou religiosas podem ser autorizados pelo superior competente a recitar o ofício em vernáculo, mesmo no coro, desde que se use uma tradução devidamente aprovada.

§ 3) Todo clérigo que recite o ofício junto com os fiéis ou com os religiosos a que se refere o § 2 cumpre sua obrigação, desde que o texto seja devidamente aprovado.

Capítulo V

O ANO LITÚRGICO

O mistério de Cristo presente no decurso do tempo

102. A Igreja tem por função comemorar a obra salvadora de seu divino esposo, em determinados dias, no decurso de cada ano. Toda semana, no domingo, justamente denominado dia do Senhor, celebra a ressurreição, como o faz uma vez por ano, juntamente com a paixão, na grande solenidade pascal.

Mas o mistério de Cristo se desdobra por todo o ciclo anual, desde sua encarnação e nascimento até a ascensão, pentecostes e a expectativa, cheia de esperança, da vinda do Senhor.

Relembrando assim os mistérios da redenção, a Igreja coloca os fiéis em contato com a riqueza das virtudes e méritos de seu Senhor, que se torna de certa maneira presente a todos os tempos, e lhes abre o acesso à plenitude da graça da salvação.

103. Celebrando o ciclo anual dos mistérios de Cristo, a Igreja venera, com amor peculiar, a bem-aven-

turada mãe de Deus, Maria, que está intimamente associada à obra salutar de seu Filho. Em Maria brilha, na sua expressão máxima, o fruto da redenção, e nela se contempla, como em imagem puríssima, tudo que se pode desejar e esperar.

104. No ciclo anual, a Igreja inseriu igualmente a memória dos mártires e de outros santos, que chegaram, por muitos caminhos, à perfeição, por graça de Deus, alcançaram a salvação eterna, e hoje cantam, no céu, louvor sem fim a Deus, intercedendo por nós.

Na festa natalícia dos santos, a Igreja proclama o mistério pascal, vivido por aqueles que sofreram e foram glorificados com Cristo, propõe aos fiéis o seu exemplo, de se deixar inteiramente levar ao Pai, por Cristo, e pede a Deus graças, em vista de seus méritos.

105. Nas diversas épocas do ano, de acordo com a Tradição, a Igreja vai educando os fiéis, com práticas religiosas e exercícios corporais, instruções, exortações, obras de penitência e de misericórdia. Por isso o Concílio decide o que segue.

Revalorização do domingo

106. Por tradição apostólica, que remonta ao próprio dia da ressurreição do Senhor, a Igreja celebra o mistério pascal no oitavo dia da semana, que veio a

ser convenientemente denominado domingo, isto é, dia do Senhor. Nesse dia, os fiéis devem se reunir para ouvir a palavra de Deus e participar da eucaristia, dando graças a Deus, "que nos fez renascer para uma esperança viva, ressuscitando Jesus Cristo dentre os mortos" (lPd 1,3). O domingo é o principal dia de festa. Como tal deve ser proposto com convicção aos fiéis, para que se torne um dia de alegria e de descanso. É o fundamento e o cerne do ano litúrgico. Nenhuma outra celebração, a não ser de primeiríssima importância, lhe deve passar à frente.

Reforma do ano litúrgico

107. A reforma do ano litúrgico deve restaurar os costumes e a disciplina dos diversos tempos, de acordo com as exigências da vida de hoje. Reforce-se sua natureza original, para alimentar a piedade dos fiéis na celebração dos mistérios da redenção cristã, especialmente do mistério pascal. Quando forem necessárias adaptações especiais a determinadas circunstâncias locais, observem-se as normas dos artigos 39 e 40.

108. Chame-se a atenção dos fiéis, em primeiro lugar, para os domingos em que se celebram os mistérios da redenção, no decurso do ano. O próprio do tempo deve suplantar as festas dos santos, a fim de que se celebre o ciclo anual em sua integridade.

A quaresma

109. O tempo quaresmal comporta dois aspectos: a memória ou preparação do batismo e a penitência. Nesse tempo dediquem-se os fiéis, com maior afinco, a ouvir a palavra de Deus e à oração, preparando a celebração do mistério pascal na liturgia e na catequese litúrgica, que devem vir a ser valorizadas. Portanto,

a) acentuem-se os aspectos batismais da liturgia quaresmal, resgatando alguns elementos tradicionais, que foram abandonados;

b) o mesmo se diga de certos aspectos penitenciais. A catequese deve chamar a atenção para as conseqüências sociais do pecado, juntamente com a consideração da natureza própria do pecado, que deve ser detestado. Não se deixe também, de lado, nem a ação penitencial da Igreja, nem a oração pelos pecadores.

110. Além de interna e individual, a penitência quaresmal deve ser externa e social. As práticas penitenciais, porém, devem ser aptas ao tempo, ao lugar e às condições de cada fiel, sendo estabelecidas pelas autoridades territoriais, nos termos do artigo 22.

Mantenha-se, porém, o jejum da Sexta-feira Santa e, eventualmente, também do sábado, para que se chegue com entusiasmo às alegrias do domingo da ressurreição.

As festas dos santos

111. Os santos são tradicionalmente venerados na Igreja, através de suas relíquias e imagens. As festas dos santos proclamam as maravilhas de Cristo manifestadas por seus servidores e oferecem ocasião para os fiéis contemplarem o seu exemplo.

Para que as festividades dos santos não suplantem a comemoração dos mistérios da salvação, muitas delas, de caráter particular, passem a ser celebradas unicamente nas igrejas, nações ou famílias religiosas respectivas, só se estendendo à Igreja universal as festas que têm, realmente, importância universal.

Capítulo VI

A MÚSICA SACRA

Dignidade da música sacra

112. Dentre todas as expressões artísticas, a música tradicional da Igreja é de inestimável valor, pois o canto sagrado, que acompanha o texto, é parte indispensável da liturgia solene.

As Escrituras,[1] os padres e os papas, especialmente Pio X, no nosso tempo, enalteceram o canto sagrado e tudo fizeram para favorecer o uso da música sacra no serviço do culto.

A música sacra é tanto mais santa quanto mais intimamente se articula com a ação litúrgica, contribuindo para a expressão mais suave e unânime da oração ou conferindo ao ritual maior solenidade. No entanto, a Igreja aprova todas as formas de arte, devidamente, qualificadas, e as admite no culto divino.

Observando as normas e preceitos da tradição eclesiástica e da disciplina e levando em conta a finali-

[1] Cf. Ef 5,19; Cl 3,16.

dade da música sacra, que é a glória de Deus e a santificação dos fiéis, o Concílio estabelece o seguinte:

A liturgia solene

113. A ação litúrgica ganha em nobreza quando o serviço divino se celebra com solenidade e é cantado tanto pelos ministros quanto pelo povo, que dele participa ativamente.

No que diz respeito à língua, observe-se o estabelecido no art. 36; quanto à missa, no art. 54; quanto aos sacramentos, no art. 63 e quanto ao ofício divino, no art. 101.

114. O tesouro que representa a música sacra deve ser conservado e desenvolvido com o maior carinho. Promova-se a formação de coros, especialmente junto às catedrais. Os bispos e demais pastores procurem fazer com que os fiéis, no papel que lhes cabe, participem ativamente de todas as celebrações litúrgicas, de acordo com o estabelecido nos artigos 28 e 30.

A formação musical

115. É muito importante que se ensine e se pratique a música nos seminários, nas casas de noviciado e de estudos dos religiosos de ambos os sexos e,

igualmente, nas instituições e escolas católicas. Para que tal objetivo seja alcançado, deve-se cuidar com empenho da formação de professores de música.

Eventualmente, criem-se também institutos superiores de música sacra.

Aos músicos e cantores, a começar pelas crianças, seja dada, ao mesmo tempo, uma boa formação litúrgica.

O canto gregoriano e o canto polifônico

116. A Igreja reconhece o canto gregoriano como próprio da liturgia romana. Por isso, na ação litúrgica, tem, indiscutivelmente, prioridade sobre todos os outros.

Não se excluem, porém, de modo algum, as outras formas de música sacra, especialmente a polifonia, desde que correspondam ao espírito da ação litúrgica, segundo as normas do art. 30.

117. Termine-se a edição padrão dos livros de canto gregoriano e se prepare uma edição mais crítica dos livros já editados depois da restauração de S. Pio X.

Convém que seja preparada uma edição mais simples, para uso das igrejas menores.

Os cânticos religiosos populares

118. Os cânticos populares religiosos devem ser cultivados, de modo que nas manifestações de piedade, e mesmo nas ações litúrgicas, de acordo com as normas e exigências rituais, se possa ouvir a voz do povo.

A música sacra nas missões

119. Em muitas regiões, especialmente nas missões, o povo tem uma tradição musical própria, que desempenha um papel relevante, tanto na sua vida social como religiosa. É preciso lhe dar a devida importância e um lugar de destaque no culto, tanto para favorecer o desenvolvimento de sua religiosidade, como para que o culto esteja realmente ajustado à sua realidade, de acordo com o espírito dos artigos 39 e 40.

Por isso, na educação musical dos missionários, faça-se o possível para que sejam capazes de assumir a tradição musical do povo, tanto nas escolas como nas celebrações religiosas.

O órgão e outros instrumentos musicais

120. O órgão de tubos ocupa lugar de destaque na Igreja latina, como instrumento musical tradicio-

nal, cujo som dá um brilho particular às cerimônias da Igreja e ajuda a mente a se elevar a Deus.

Os demais instrumentos, de acordo com a autoridade territorial competente, segundo as normas dos artigos 22, § 2, 37 e 40, e com seu consentimento, podem ser admitidos, desde que adaptados à dignidade do templo e contribuam, de fato, para a edificação dos fiéis.

A missão dos compositores

121. Os que fazem música, imbuídos do espírito cristão, considerem uma verdadeira vocação cultivar e desenvolver o tesouro da música sacra.

Componham melodias que expressem de fato as características da música sacra e possam ser cantadas não só pelos grandes corais, mas também pelos mais modestos e que se adaptem à participação de todos os fiéis.

As letras devem estar de acordo com a doutrina católica e ter como fonte de inspiração a Sagrada Escritura e a liturgia.

CAPÍTULO VII

A ARTE E OS OBJETOS SAGRADOS

A dignidade da arte sacra

122. A arte sacra é a expressão máxima da arte religiosa, que, por sua vez, faz parte das artes liberais, consideradas dentre as mais altas realizações do engenho humano. Por sua natureza, está voltada para a manifestação da beleza divina em formas humanas, para o louvor e a glória de Deus, não tendo senão o objetivo de orientar piedosamente para Deus a mente humana e contribuir para sua conversão.

Por isso, como mãe ilustre, a Igreja sempre favoreceu as artes liberais e os artistas, pelo serviço que prestam, para que sejam dignas, decorosas e belas as coisas utilizadas no serviço divino, como sinais e símbolos das realidades do alto. Além disso, como juíza, a Igreja procurou sempre discernir, entre as obras artísticas, as que mais convinham à fé e às exigências da piedade tradicional, sendo, por isso, aptas a servir ao culto.

A Igreja olhou sempre com o maior cuidado pelos objetos do culto, para que fossem dignos e decorosos, analisando todas as modificações de material, de forma e de ornamentação e admitindo inovações, de acordo com o progresso da técnica, no decurso do tempo.

Os padres conciliares resolveram então o seguinte:

Admitem-se todos os estilos artísticos

123. A Igreja não tem nenhum estilo próprio. De acordo com o espírito dos povos, as condições e as necessidades dos vários ritos e das diversas épocas, admitiu uma grande diversidade de formas, que constituem hoje o seu tesouro artístico. A arte deve ser livremente exercida na Igreja, segundo as tendências dos nossos tempos, de todos os povos e de todas as regiões, desde que se ponha a serviço da honra e da dignidade dos templos e das celebrações religiosas, participando assim, com sua própria voz, do concerto admirável de glória que os grandes homens do passado vêm entoando, com fé, ao longo dos séculos.

124. Ao promover e favorecer a arte sacra, as autoridades locais devem visar à beleza nobre, mais do que à suntuosidade. Diga-se o mesmo no que se refere às vestes sagradas e aos paramentos.

Os bispos devem afastar das igrejas e lugares sagrados os trabalhos dos artistas que contrariam a fé, os costumes ou a piedade cristã, ou que ofendam o senso religioso, pela impropriedade das formas, pela insuficiência da arte, ou por sua mediocridade ou dissimulação.

As novas igrejas devem ser apropriadas às celebrações litúrgicas com a participação ativa dos fiéis.

125. Mantenha-se o costume de propor nas igrejas imagens sagradas à veneração dos fiéis, mas em pequeno número e corretamente dispostas, para não induzir os fiéis em erro, nem causar estranheza ao povo cristão.

126. Na apreciação das obras de arte, as autoridades locais devem consultar a comissão diocesana de arte sacra e, se for o caso, outros peritos e até mesmo as comissões a que se referem os artigos 44, 45 e 46.

As autoridades locais devem velar para que os objetos do culto e de valor e a decoração das igrejas não se deteriorem nem sejam vendidos.

A formação dos artistas

127. Os bispos, pessoalmente, ou com o auxílio de sacerdotes capazes, que gostem de arte, devem trabalhar junto com os artistas, para que adquiram o espírito da arte e da liturgia sagrada.

Recomenda-se também que se criem escolas ou academias de arte sacra para formar artistas, nas regiões em que for necessário.

Todos os artistas que quiserem servir à santa Igreja, para a glória de Deus, lembrem-se de que imitam, de certa maneira, a Deus criador e de que as obras de arte, no culto católico, destinam-se à edificação dos fiéis e à sua instrução religiosa.

Revisão da legislação sobre a arte sacra

128. Deve-se rever quanto antes, de acordo com o artigo 25, os cânones e estatutos eclesiásticos, bem como os livros litúrgicos, no que se refere ao quadro exterior do culto, especialmente à edificação das igrejas, forma e construção dos altares. Reveja-se igualmente tudo quanto diz respeito à dignidade e segurança do tabernáculo eucarístico, à disposição conveniente e lugar de honra do batistério, às imagens, à decoração e modo de ornamentação. O que não estiver de acordo com a restauração da liturgia deve ser corrigido ou abolido, mantendo-se ou introduzindo-se o que convém.

Aos organismos episcopais de cada território se atribui a faculdade de tudo adaptar às necessidades e costumes locais, especialmente quanto à matéria e à forma das vestes e objetos sagrados, de acordo com o artigo 22 desta constituição.

A formação artística do clero

129. Durante os cursos de filosofia e teologia, os clérigos estudem também a história da arte sacra e sua evolução, os princípios que devem ser observados na arte sacra, de maneira que aprendam a dar o verdadeiro valor aos veneráveis monumentos da Igreja, a conservá-los e se tornem capazes de orientar os artistas na realização de suas obras.

As insígnias pontificais

130. O uso das insígnias pontificais deve ser reservado às pessoas que têm o caráter episcopal ou gozam de alguma jurisdição especial.

APÊNDICE

DECLARAÇÃO A RESPEITO DA REFORMA DO CALENDÁRIO

Considerando o peso que tem o desejo de muitos, que querem fixar a festa de Páscoa num determinado domingo e tendo estudado com atenção todos os argumentos em favor de uma reforma do calendário, o Concílio chegou às seguintes conclusões:

1. O Concílio não se opõe a que a festa da Páscoa se fixe em determinado domingo do calendário gregoriano, desde que haja um acordo entre todos os interessados, especialmente dos irmãos separados da comunhão com a sé apostólica.

2. O Concílio também não se opõe a iniciativas em favor do estabelecimento de um calendário perpétuo pela sociedade civil.

Em face dos diversos sistemas propostos para estabelecer um calendário perpétuo na sociedade civil, a Igreja requer, unicamente, que se conserve a semana de sete dias, com o domingo, sem que se insiram outros dias, quebrando o ritmo semanal, de tal forma que se conserve intacta a sucessão das semanas, a não ser por razões especiais, a respeito das quais a sé apostólica se reserva o direito de opinar oportunamente.

Tudo o que consta nesta constituição obteve parecer favorável dos padres conciliares. Nós, em virtude do poder apostólico que nos foi delegado, juntamente com os padres conciliares, no Espírito Santo, aprovamos, decidimos e estatuímos o que foi estabelecido em Concílio, e mandamos que seja promulgado, para a glória de Deus.

Roma, junto a São Pedro, 4 de dezembro de 1963.
Eu, PAULO, *Bispo da Igreja Católica*.

SUMÁRIO

Coleção A Voz do Papa

1. *Quanta Cura* – Carta encíclica sobre os principais erros da época – Pio IX
2. *Arcanum Divinae Sapientiae* – Carta encíclica sobre o matrimônio cristão – Leão XIII
3. *Immortale Dei* – Carta encíclica sobre a Constituição dos Estados – Leão XIII
4. *Libertas* – Carta encíclica sobre a liberdade humana – Leão XIII
5. *Sapientiae Christianae* – Carta encíclica sobre os principais deveres dos cidadãos cristãos – Leão XIII
6. *Rerum Novarum* – Carta encíclica sobre a condição dos operários – Leão XIII
7. *Graves de Communi Re* – Carta encíclica sobre a ação popular cristã – Leão XIII
8. *Pascendi Dominici Gregis* – Carta encíclica sobre as doutrinas modernistas – Pio X
9. *Ubi Arcano Dei* – Carta encíclica sobre a paz de Cristo no Reino de Cristo – Pio XI
10. *Divini Illius Magistri* – Carta encíclica sobre a educação cristã da juventude – Pio XI
11. *Casti Connubii* – Carta encíclica sobre o matrimônio cristão – Pio XI
12. *Vigilanti Cura* – Carta encíclica sobre o cinema – Pio XI
13. *Divini Redemptoris* – Carta encíclica sobre o comunismo ateu – Pio XI
14. *Quadragesimo Anno* – Carta encíclica sobre a restauração e aperfeiçoamento da ordem social em conformidade com a lei evangélica – Pio XI
15. *Divino Afflante Spiritu* – Carta encíclica sobre o modo mais oportuno de promover os estudos da Sagrada Escritura – Pio XII
16. *Fulgens Corona* – Carta encíclica sobre a Imaculada Conceição – Pio XII
17. *Mediator Dei* – Carta encíclica sobre a Sagrada Liturgia – Pio XII
18. *Miranda Prorsus* – Carta encíclica sobre cinematografia, rádio e televisão – Pio XII

19. *Mystici Corporis Christi* – Carta encíclica sobre o corpo místico de Jesus Cristo e a nossa união nele com Cristo – Pio XII
20. *Provida Mater Ecclesia* – Constituição apostólica sobre os institutos seculares – Pio XII
21. *Sacra Virginitas* – Carta encíclica sobre a sagrada virgindade – Pio XII
22. *Sponsa Christi* – Constituição apostólica para as religiosas de clausura – Pio XII
23. Carta de Sua Santidade às religiosas – João XXIII
24. *Mater et Magistra* – Carta encíclica sobre a evolução da questão social à luz da doutrina cristã – João XXIII
25. *Pacem in Terris* – Carta encíclica sobre a paz dos povos – João XXIII
26. *Sacrosanctum Concilium* – Constituição conciliar sobre a Sagrada Liturgia – Concílio Vaticano II
27. *Inter Mirifica* – Decreto sobre os meios de comunicação social – Concílio Vaticano II
28. *Ecclesiam Suam* – Carta encíclica sobre os caminhos da Igreja – Paulo VI
29. Instrução da Sagrada Congregação dos Ritos para executar retamente a Constituição conciliar sobre a Sagrada Liturgia – Concílio Vaticano II
30. *Mense Maio* – Carta encíclica por ocasião do mês de maio – Paulo VI
31. *Lumen Gentium* – Constituição dogmática sobre a Igreja – Concílio Vaticano II
32. *Mysterium Fidei* – Carta encíclica sobre o culto da Sagrada Eucaristia – Paulo VI
33. *Perfectae Caritatis* – Decreto sobre a renovação da vida religiosa – Concílio Vaticano II
34. *Gravissimum Educationis* – Declaração sobre a educação da juventude – Concílio Vaticano II
35. *Optatam Totius* – Decreto sobre a formação sacerdotal – Concílio Vaticano II
36. *Apostolicam Actuositatem* – Decreto sobre o apostolado dos leigos – Concílio Vaticano II

37. *Dei Verbum* – Constituição dogmática sobre a revelação divina – Concílio Vaticano II
38. *Christus Dominus* – Decreto sobre o múnus pastoral dos Bispos – Concílio Vaticano II
39. *Presbyterorum Ordinis* – Decreto sobre o ministério e a vida dos sacerdotes – Concílio Vaticano II
40. Alocução à Assembléia Geral da Organização das Nações Unidas – Paulo VI
41. *Gaudium et Spes* – Constituição pastoral sobre a Igreja no mundo de hoje – Concílio Vaticano II
42. *Ad Gentes* – Decreto do sobre a atividade missionária da Igreja – Concílio Vaticano II
43. *Nostra Aetate* – Declaração sobre a Igreja e as religiões não-cristãs – Concílio Vaticano II
44. *Unitatis Redintegratio* – Decreto sobre o ecumenismo – Concílio Vaticano II
45. *Orientalium Ecclesiarum* – Decreto sobre as Igrejas Orientais Católicas – Concílio Vaticano II
46. *Dignitatis Humanae* – Declaração sobre a liberdade religiosa – Concílio Vaticano II
47. *Christi Matri Rosarii* – Carta encíclica para a verdadeira e duradoura paz – Paulo VI
48. *Indulgentiarum Doctrina* – Constituição apostólica sobre as indulgências – Paulo VI
49. *Populorum Progressio* – Carta encíclica sobre o desenvolvimento dos povos – Paulo VI
50. Segunda instrução para a exata aplicação da Constituição Litúrgica – Sagrada Congregação dos Ritos
51. Discursos por ocasião de sua peregrinação à Fátima – Paulo VI
52. *Sacerdotalis Caelibatus* – Carta encíclica sobre o celibato sacerdotal – Paulo VI
53. Instrução sobre o culto do mistério eucarístico – Sagrada Congregação dos Ritos

54. *Sacrum Diaconatus Ordinem* – Carta apostólica sobre a restauração do diaconato permanente da Igreja Latina – Paulo VI
55. A reforma litúrgica: resultados e perspectivas – Circular para a aplicação da Constituição sobre a Sagrada Liturgia – Cardeal Giácomo Lercaro
56. *Ecclesiae sanctae* – Carta apostólica sob a forma de *motu proprio* estabelecendo normas para a execução de alguns decretos do Concílio Vaticano II – Paulo VI
59. Mensagem aos sacerdotes ao terminarem o ano da fé – Paulo VI
60. *Humanae Vitae* – Carta encíclica sobre a regulação da natalidade – Paulo VI
61. Discursos e alocuções do Papa no Congresso Eucarístico Internacional de Bogotá – Paulo VI
62. Instrução sobre o adequado renovamento da formação para a vida religiosa – Sagrada Congregação para os Religiosos e Institutos Seculares
63. *Matrimonia Mixta* – Carta apostólica sob a forma de *motu proprio* sobre os matrimônios mistos – Paulo VI
64. *Apostolicae Caritatis* – Carta apostólica sobre a Pastoral das Migrações e do Turismo – Paulo VI
65. Atividade Missionária – Mensagem para o Dia das Missões – Paulo VI
66. *Sacramentali Communione* – Instrução da Sagrada Congregação para o Culto Divino
67. Nova instrução sobre a liturgia – Terceira instrução para a aplicação da Constituição Conciliar sobre a Liturgia
68. *Octogesima Adveniens* – Carta apostólica por ocasião do 80º aniversário da encíclica *Rerum Novarum* – Paulo VI
69. *Communio et Progressio* – Instrução pastoral sobre os meios de comunicação social – Comissão Pontifícia dos Meios de Comunicação Social
70. *Causas Matrimoniales* – Carta apostólica sob a forma de *motu proprio* em que se estabelecem algumas normas para uma mais rápida resolução dos processos matrimoniais – Paulo VI

71. *Evangelica Testificatio* – Exortação apostólica sobre a renovação da vida religiosa segundo os ensinamentos do Concílio – Paulo VI
72. Carta apostólica de sua santidade o papa Paulo VI
73. *Laudes Canticum* – Constituição apostólica sobre o ofício divino – Paulo VI
74. Diretório catequético geral – Sagrada Congregação para o Clero
75. *De Sacramento Confirmationis* – Constituição apostólica – Paulo VI
76. O sacerdócio ministerial – Sínodo dos Bispos
77. A justiça no mundo – Sínodo dos Bispos
78. Unidade e pluralismo na Igreja – Conferência Nacional dos Bispos do Brasil
79. Ordens menores: subdiaconado, diaconado – Carta apostólica – Paulo VI
80. *Sacran Unctionem Infirmorum* – Constituição apostólica sobre o sacramento da unção dos enfermos – Paulo VI
81. *Immensae Caritatis* – Instrução da Sagrada Congregação para a Disciplina dos Sacramentos
82. Ministério da Igreja – Declaração acerca da Doutrina Católica sobre a Igreja para a defender de alguns erros hodiernos – Sagrada Congregação para a Doutrina da Fé
83. *Marialis Cultus* – Exortação apostólica sobre o culto à bem-aventurada Virgem Maria – Paulo VI
84. *Gaudete in Domino* – Exortação apostólica sobre a alegria cristã – Paulo VI
85. *Evangelii Nuntiandi* – Exortação apostólica sobre a evangelização no mundo contemporâneo – Paulo VI
86. Declaração sobre alguns pontos da ética sexual – Sagrada Congregação para a Doutrina da Fé
87. A catequese no nosso tempo especialmente para as crianças e os jovens – Mensagem ao povo de Deus – Sínodo dos bispos
88. Relação entre bispos e religiosos na Igreja – Sagradas Congregações para os Bispos e para os Religiosos e os Institutos Seculares

89. Pronunciamentos do Papa em Puebla, na América Latina – João Paulo II
90. *Redemptor Hominis* – Carta encíclica no início do seu Ministério Pontifical – João Paulo II
91. Carta aos sacerdotes – João Paulo II
92. Sabedoria Cristã – Constituição apostólica sobre as universidades e as faculdades eclesiásticas – João Paulo II
93. *Catechesi Tradendae* – Exortação apostólica sobre a catequese do nosso tempo – João Paulo II
94. *Dominicae Cenae* – Carta aos bispos sobre o mistério e culto à Santíssima Eucaristia – João Paulo II
95. Instrução sobre a formação litúrgica nos seminários – Sagrada Congregação para a Educação Católica
96. *Dives in Misericordia* – Carta encíclica sobre a misericórdia divina – João Paulo II
97. Instrução sobre o batismo das crianças – Sagrada Congregação para a Doutrina da fé
99. *Laborem exercens* – Carta encíclica sobre o trabalho humano no 90º aniversário da *Rerum Novarum* – João Paulo II
100. *Familiaris Consortio* – Exortação apostólica sobre a missão da família cristã no mundo de hoje – João Paulo II
101. Pastoral vocacional – Documento conclusivo
102. *Aperite Portas Redemptori* – Bula de proclamação do Jubileu pelo 1950º aniversário da Redenção – João Paulo II
103. A doutrina da Igreja sobre a vida religiosa
104. *Salvifici Doloris* – Carta apostólica sobre o sentido cristão do sofrimento humano – João Paulo II
105. Instrução sobre alguns aspectos da "Teologia da Libertação" – Sagrada Congregação para a Doutrina da Fé
106. *Reconciliatio et Paenitentia* – Exortação apostólica pós-sinodal sobre a reconciliação e a penitência na missão da Igreja hoje – João Paulo II

107. Aos jovens e às jovens do mundo – Carta apostólica por ocasião do Ano Internacional da Juventude – João Paulo II

108. *Slavorum Apostoli* – Carta encíclica em memória da obra evangelizadora dos santos Cirilo e Metodio depois de onze séculos – João Paulo II

109. Sínodo extraordinário dos bispos – Assembléia Geral Extraordinária, 1985 – Sínodo dos Bispos

110. Instrução sobre a liberdade cristã e a libertação – Congregação para a Doutrina da Fé

111. Mensagem aos bispos do Brasil – João Paulo II

112. *Dominum et Vivificantem* – Carta encíclica sobre o Espírito Santo na vida da Igreja e do mundo – João Paulo II

113. Orientações para a formação dos futuros sacerdotes acerca dos instrumentos da Comunicação Social – Congregação para a Educação Católica

114. A serviço da comunidade humana: uma consideração ética da dívida internacional – Comissão Pontifícia "Justitia et Pax"

115. Instrução sobre o respeito à vida humana nascente e a dignidade da procriação – Congregação para a Doutrina da Fé

116. *Redemptoris Mater* – Carta encíclica sobre a mãe do Redentor – João Paulo II

117. *Solicitudo Rei Socialis* – Carta encíclica pelo 20º aniversário da encíclica *Populorum Progressio* –João Paulo II

118. *Mulieres Dignitatem* – Carta apostólica sobre a dignidade e a vocação da mulher por ocasião do ano mariano – João Paulo II

119. *Christifidelis Laici* – Exortação apostólica sobre a vocação e missão dos leigos na Igreja e no mundo – João Paulo II

120. Pornografia e violência nas comunicações sociais: uma resposta pastoral – Conselho Pontifício para as Comunicações Sociais

121. Orientações sobre a formação nos Institutos Religiosos

122. Instrução sobre a vocação eclesial do teólogo – Congregação para a Doutrina da Fé

123. Carta apostólica aos religiosos e às religiosas da América Latina – João Paulo II
124. *Ex Corde Ecclesiae* – Constituição apostólica sobre as universidades católicas – João Paulo II
125. *Redemptoris Missio* – Carta encíclica sobre a validade permanente do mandato missionário – João Paulo II
126. *Centesimus Annus* – Carta encíclica no centenário da *Rerum Novarum* – João Paulo II
127. *Aetatis Novae* – Instrução Pastoral no 20º aniversário da *Communio et Progressio*: uma revolução nas comunicações – Conselho Pontifício para as Comunicações Sociais
128. *Pastores Dabo Vobis* – Exortação apostólica pós-sinodal sobre a formação dos sacerdotes – João Paulo II
129. A vida consagrada e a sua missão na Igreja e no mundo – *Lineamenta* – IX Assembéia Geral Ordinária – Sínodo dos Bispos
130. *Veritatis Splendor* – Carta encíclica sobre algumas questões fundamentais do ensinamento moral da Igreja – João Paulo II
131. Carta às famílias – João Paulo II
132. Diretório para a aplicação dos princípios e normas sobre o ecumenismo – Conselho Pontifício para a Promoção da Unidade dos Cristãos
133. A Liturgia Romana e a inculturação – IV Instrução para uma correta aplicação da Constituição Conciliar sobre a Liturgia – Congregação para o Culto Divino
134. A interpretação da Bíblia na Igreja – Comissão Pontifícia Bíblica
135. *Congregavit nos in unum Christi amor* – A vida fraterna em comunidade – Congregação para os Institutos de Vida Consagrada e as Sociedades de Vida Apostólica
136. A vida consagrada e a sua missão na Igreja e no mundo – Sínodo dos Bispos
137. *Tertio Millennio Adveniente* – Carta apostólica sobre a preparação para o jubileu do ano 2000 – João Paulo II
138. Carta do Papa às crianças no Ano da Família – João Paulo II

139. *Evangelium Vitae* – Carta encíclica sobre o valor e a inviolabilidade da vida humana – João Paulo II
140. Carta aos sacerdotes por ocasião da Quinta-feira Santa de 1995 – João Paulo II
141. *Orientale Lumen* – Carta apostólica no centenário da *Orientalium Dignitas* do Papa Leão XIII – João Paulo II
142. *Ut unum sint* – Carta encíclica sobre o empenho ecumênico – João Paulo II
143. Mensagem por ocasião do 50º aniversário do fim da 2ª Guerra Mundial na Europa – João Paulo II
144. Carta do Papa às mulheres – João Paulo II
145. *Ecclesia in Africa* – Exortação apostólica pós-sinodal sobre a Igreja na África e a sua missão evangelizadora rumo ao ano 2000 – João Paulo II
146. Mensagem para a celebração do Dia Mundial da Paz (1º de janeiro 1996) – João Paulo II
147. *Vita Consecrata* – Exortação apostólica pós-sinodal sobre a vida consagrada e a sua missão na Igreja e no mundo – João Paulo II
148. Sexualidade humana: verdade e significado – Orientações educativas em família – Conselho Pontifício para a Família
149. Diálogo e anúncio – Conselho Pontifício para o Diálogo Inter-Religioso
150. Preparação para o sacramento do matrimônio – Conselho Pontifício para a Família
151. Encontro com Jesus Cristo vivo, caminho para a conversão, a comunhão e a solidariedade na América – *Lineamenta* – Assembléia Especial para a América
152. A fome no mundo – Um desafio para todos: o desenvolvimento solidário – Conselho Pontifício "Cor Unum"
153. Ética da publicidade – Conselho Pontifício para as Comunicações Sociais
154. Instrução acerca de algumas questões sobre a colaboração dos fiéis leigos no sagrado ministério dos sacerdotes – VV.AA.

155. Para uma melhor distribuição da terra: o desafio da reforma agrária – Conselho Pontifício "Justiça e Paz"

156. A dimensão ecumênica na formação dos que trabalham no ministério pastoral – Conselho Pontifício para a Promoção da Unidade dos Cristãos

157. Normas fundamentais para a formação dos diáconos permanentes – Diretório do Ministério e da Vida dos Diáconos Permanentes – Congregação para a Educação Católica e Congregação para o Clero

158. *Dies Domini* – Carta apostólica ao episcopado, ao clero e aos fiéis da Igreja Católica sobre a santificação do domingo – João Paulo II

159. *Ad Tuendam Fidem* – Carta apostólica sob forma de *motu proprio* com a qual são inseridas algumas normas no Código de Direito Canônico e no Código dos Cânones das Igrejas Orientais – João Paulo II

160. *Fides et Ratio* – Carta encíclica aos bispos da Igreja Católica sobre as relações entre fé e razão – João Paulo II

161. *Incarnationis Mysterium* – Bula de convocação do grande jubileu do ano 2000 a todos os fiéis que caminham para o terceiro milênio – João Paulo II

162. Diálogo católico-pentecostal: evangelização, proselitismo e testemunho comum – Conselho Pontifício para a Promoção da Unidade dos Cristãos

163. *Ecclesia in America* – Exortação apostólica pós-sinodal sobre o encontro com Jesus Cristo vivo, caminho para a conversão, a comunhão e a solidariedade na América – João Paulo II

164. *Cooperatio Missionalis* – Instrução da Congregação para a Evangelização dos Povos

165. A dignidade do ancião e a sua missão na Igreja e no mundo – Conselho Pontifício para os Leigos

166. A colaboração interinstitutos para a formação – Congregação para os Institutos de Vida Consagrada e as Sociedades de Vida Apostólica

167. Carta do Papa aos artistas – João Paulo II

168. O dom da autoridade (Autoridade na Igreja III) – Comissão Internacional Anglicana-Católica Romana
169. Para uma pastoral da cultura – Conselho Pontifício da Cultura
170. O santuário: memória, presença e profecia do Deus vivo – Conselho Pontifício para a Pastoral dos Migrantes e Itinerantes
171. Carta sobre a peregrinação aos lugares relacionados com a história da salvação – João Paulo II
172. *Verbi Sponsa* – Instrução sobre a vida contemplativa e a clausura das monjas – Congregação para os Institutos de Vida Consagrada e Sociedades de Vida Apostólica
173. O Presbítero: mestre da palavra, ministro dos sacramentos e guia da comunidade, em vista do terceiro milênio – Congregação para o Clero
174. Carta aos anciãos – João Paulo II
175. Carta aos sacerdotes por ocasião da Quinta-feira Santa de 2000 – João Paulo II
176. Ética nas Comunicações Sociais – Conselho Pontifício para as Comunicações Sociais
177. Mensagem para o jubileu nos cárceres – João Paulo II
178. Mensagem por ocasião da XV Jornada Mundial da Juventude – João Paulo II
179. Mensagem para o Dia Missionário Mundial de 2000 – João Paulo II
180. *Novo Millennio Ineunte* – Carta apostólica no início do novo milênio – João Paulo II
181. Mensagem para a celebração do Dia Mundial da Paz (1º de Janeiro de 2002) – João Paulo II
182. *Misericordia Dei* – Carta apostólica sob forma de *motu proprio* sobre alguns aspectos da celebração do sacramento da penitência – João Paulo II
183. *Rosarium Virginis Mariae* – Carta apostólica sobre o rosário da Virgem Maria – João Paulo II
184. Mensagem para o 40º Dia Mundial de Oração pelas Vocações – João Paulo II

185 - *Ecclesia de Eucharistia* - Carta Encíclica sobre a Eucaristia na sua relação com a Igreja - João Paulo II

186 - *Pastores Gregis* - Exortação Apostólica pós-sinodal sobre o Bispo, servidor do Evangelho de Jesus Cristo para a esperança do mundo - João Paulo II

187 - *Mane Nobiscum Domine* - Carta Apostólica para o Ano da Eucaristia - João Paulo II

188 - O rápido desenvolvimento - Carta Apostólica aos responsáveis pelas comunicações sociais - João Paulo II

189 - *Deus Caritas Est* - Carta Encíclica sobre o amor cristão - Bento XVI

190 - Exortação apostólica pós-sinodal *Sacramentum Caritatis* sobre a Eucaristia, fonte e ápice da vida e da missão da Igreja

191 - Carta Apostólica de Bento XVI sob a forma de motu próprio *Summorum Pontificum*

192 - Carta encíclica Spe Salvi sobre a esperança cristã

193 – Carta encíclica *Caritas in veritate*

194 – Exortação apostólica pós-sinodal *Verbum Domini* do santo padre Bento XVI ao episcopado, ao clero, às pessoas consagradas e aos fiéis leigos sobre a Palavra de Deus na vida e na missão da Igreja

195 – Carta apostólica sob forma de Motu Proprio *Porta fidei* pela qual se proclama o Ano da fé

196 – Exortação apostólica pós-sinodal *Africae Munus* do Santo padre Bento XVI ao espiscopado, ao clero, às pessoas consagradas e aos fiéis leigos sobre a Igreja na África ao serviço da reconciliação da justiça e da paz

197 – Carta Encíclica *Lumen Fidei* do Sumo Pontífice Francisco aos Bispos, aos presbíteros, aos diáconos, às pessoas consagradas e a todos os fiéis leigos sobre a fé

198 – Exortação apostólica *Evangelii Gaudium* sobre o anúncio do Evangelho no mundo atual

199 – Carta apostólica do Santo Padre Francisco a todos os consagrados em ocasião do ano da vida consagrada

200 – *Misericordiae Vultus:* O Rosto da Misericórdia – Bula de proclamação do Jubileu Extraordinário da Misericórdia

201 – Carta encíclica *Laudato Si'* sobre o cuidado da casa comum

202 – Exortação apostólica pós-sinodal *Amoris Laetitia* sobre o amor na família

203 – Constituição Apostólica do Papa Francisco *Vultum Dei Quaerere* sobre a vida contemplativa feminina

204 – Carta apostólica *Misericordia et Misera* no término do Jubileu extraordineario da Misericórdia

205 – Constituição apostólica *Veritatis Gaudium* sobre as universidades e as faculdades eclesiásticas

206 – Exortação apostólica *Gaudete et Exsultate* sobre a chamada à santidade no mundo atual

207 – Exortação apostólica pós-sinodal *Christus Vivit*

208 – Carta Apostólica *Admirabile Signum* sobre o significado e a importância do presépio

209 – Exortação apostólica pós-sinodal Querida Amazônia

210 – Carta Encíclica *Fratelli Tutti* do Santo Padre Francisco sobre a fraternidade e a amizade social

211 – Carta Apostólica em forma de Motu Proprio *Antiquum Ministerium* pela qual se institui o Ministério de Catequista

212 – Carta Apostólica *Candor Lucis Aeternae* no VII Centenário da morte de Dante Alighieri

213 – Constituição apostólica *Praedicate Evangelium* sobre a cúria romana e seu serviço à Igreja no mundo

214 – Carta apostólica *Desiderio Desideravi* sobre a formação litúrgica do povo de Deus

215 – Exortação apostólica *Laudate Deum* a todas as pessoas de boa vontade sobre a crise climática

---

Rua Dona Inácia Uchoa, 62
04110-020 – São Paulo – SP (Brasil)
Tel.: (11) 2125-3500
paulinas.com.br – editora@paulinas.com.br
Telemarketing e SAC: 0800-7010081